DE LA PALESTINE

SES RESSOURCES AGRICOLES

ET

INDUSTRIELLES

INTÉRÊT NATIONAL DE LA CRÉATION DU PORT DE JAFFA
ET DE VOIES FERRÉES DANS LA CONTRÉE

RAPPORT DE M. **Anatole ROBIN**
à la Société de Géographie Commerciale de Paris

PARIS
IMPRIMERIE V. FILLION ET Cie
Rue des Martyrs, 18 et 18 bis

1880

DE LA PALESTINE

SES RESSOURCES AGRICOLES

ET

INDUSTRIELLES

Messieurs,

Je viens soumettre à votre approbation un travail qui veut démontrer l'importance agricole et industrielle, et, par suite, les grands intérêts commerciaux que représente la protection des chrétiens en Syrie et en Palestine, laissée à la France au dernier congrès de Berlin.

Cette consécration des devoirs et des droits que les premières capitulations, consenties entre le roi Louis IX et le soudan d'Egypte, affirmaient à notre pays, est un hommage rendu à la grande épopée militaire des Croisades, à notre influence pacifique en Orient depuis François Ier, au rôle que nous avons joué et aux sacrifices que nous avons faits dans la récente expédition de Syrie.

Le rôle de la politique dans ce protectorat n'est pas de notre ressort, mais il nous appartient d'examiner tous les avantages sociaux et commerciaux qui sont laissés à la France, si nous savons tirer parti de cette minime portion livrée à notre influence nationale. Si par le commerce et l'industrie nous pouvons lier des relations amicales et suivies avec les peuples de ces contrées, nous aurons plus fait pour nous assurer leur amitié, dans l'intérêt de notre marine et de notre négoce, que par la guerre de conquête la plus heureuse.

La question d'Orient, sans cesse renaissante, a donné lieu à des luttes sanglantes, toujours renouvelées : chaque fois des ruines immenses accumulées ont été ses plus grands résultats, et la philosophie de l'histoire nous apprend que le canon moderne est aussi impuissant que l'épée des Croisades à briser les obstacles qui laissent inproductives les richesses de l'Orient.

Quelles ressources ne pouvons-nous pas trouver, au contraire, au moyen des voies pacifiques ouvertes par la science, par l'industrie et par le commerce ! Cette conquête pacifique, la seule vraie, la seule durable, donne l'amitié des nations, et l'Orient devient à court terme une source inépuisable de richesses, en offrant l'utilisation des trésors enfouis depuis des siècles et des forces restées inproductives.

Prenons l'exemple de l'Angleterre en cette question.

Quiconque a visité les trois stations anglaises de la Méditerranée, écrit M. d'Orcet dans son récent mémoire diplomatique, a pu se convaincre que ce ne sont pas seulement des entrepôts de charbon et des ports de refuge pour les escadres de guerre, mais avant tout, des comptoirs admirablement placés pour faire rayonner les produits anglais sur tous les pays environnants.

Jusqu'ici, Malte et Gibraltar sont restés les véritables têtes de ligne des grandes caravanes du Soudan ; les convois d'esclaves et de produits bruts viennent sur les côtes du Maroc, et sur celles de Tunis et de Tripoli chercher les produits manufacturés envoyés de Malte et de Gibraltar.

L'île de Chypre était autrefois pour la France, en face de l'Asie, ce que Malte et Gibraltar sont aujourd'hui pour l'Angleterre en face de l'Afrique. Malgré nos désastres maritimes, notre influence était encore prépondérante dans cette île, il y a vingt ans ; de nombreuses familles franques restaient en relation avec Marseille et se tenaient abritées sous notre bannière protectrice. L'absence de steamers réguliers subventionnés par l'État, vainement réclamés sous le dernier gouvernement, finit par ruiner ces familles et leur disparition entraîna celle de l'influence française.

L'Angleterre possède Chypre depuis le traité de Berlin, ses flottes y surveillent la sortie du canal de Suez, et facilitent les vastes projets de chemins de fer qui doivent sillonner l'Asie Mineure et le nord de la Syrie, les vallées du Cydnus, du Tigre et de l'Euphrate. — Déjà, des tramways anglais circulent aux environs de Beyrouth, et ces paisibles pionniers du progrès feront plus pour la civilisation de l'Asie Mineure, pour l'apaisement entre les races diverses de l'empire Ottoman, que tous les iradiés de Constantinople. L'ambassadeur anglais, sir Layard, a parcouru ces provinces, a fait mille promesses; et Arméniens, Druses et Maronites doivent croire à une influence qui se manifeste de suite par des actes commerciaux. — Quelles richesses l'Angleterre ne peut-elle recueillir par cette voie ouverte vers l'Inde au milieu des terres les plus fertiles de l'Ancien Monde !

Notre protectorat modeste nous donne les moyens de sauvegarder nos intérêts et de conserver, en faveur de notre commerce, une partie des avantages recherchés par les Anglais. Si nos armateurs et nos négociants négligeaient ces moyens qui sont restés à notre disposition, si l'État ne contribuait pas de tout son pouvoir à la création de ports et de routes pour favoriser l'élan commercial, il en serait bientôt fini de notre prépondérance déjà bien disputée en Égypte, au canal de Suez, et les populations du Liban et de la Judée auraient promptement désappris à tourner les yeux vers un pavillon, chaque jour de plus en plus rare dans leur contrée.

∴

La Palestine a été l'un des pays les plus fertiles de l'Orient à l'époque biblique. Elle nourrissait sans peine plus de huit millions d'habitants. Chacun se rappelle les raisins légendaires de la Terre promise. Les pères de l'Eglise, les géographes arabes s'accordent à témoigner de ces richesses inépuisables.

Les inscriptions pharaoniques disent que les terres de l'Arabie, à l'est de la Mer Morte, étaient le grenier de blé de l'Égypte.

Le fer, l'airain, les bitumes étaient en abondance. — Le pays de Madian fournissait à l'Égypte les quantités prodigieuses d'étain qu'elle consommait pour ses bronzes.

Les guerres de religion et de conquête ont réduit la population presque à néant. Le déboisement a eu lieu; les citernes et réservoirs sont tombés en ruine. Les murs de soutien qui maintenaient les terres sur les collines se sont affaissés : l'humus est descendu dans les vallées. Le climat a, par suite de ces modifications, changé à son désavantage, et il faudrait revenir à l'ancien système de drainage et de plantation pour lui rendre la salubrité d'autrefois.

Et, cependant, en prenant les renseignements consulaires, en m'appuyant sur le rapport de M. Gueyrard, ingénieur en chef des ports de Marseille, on arrive encore à des résultats agricoles et commerciaux importants. J'aurai à revenir tout à l'heure sur la mission de cet ingénieur.

Entre autres exemples, le port de Jaffa sur l'importance duquel j'appelle votre attention, avait, en 1872, plus de cinq mille tonnes d'importation par navires à vapeur, onze mille tonnes par voiliers; plus de onze mille tonnes d'exportation par navire, à vapeur, et plus de neuf mille tonnes par voiliers.

On relève dans les mêmes années le mouvement d'entrée et de sortie de navires à service régulier :

1. Messageries maritimes...........	54	paquebots
2. Lloyd autrichien...............	53	—
3. Compagnie russe de navigation..	52	—
4. Compagnie égyptienne..........	12	—
5. Autres.........................	3	—
Ensemble........	171	paquebots

D'autres Compagnies, Fraissinet père et fils, l'Azérie, Fabre, etc., fréquentent le port et n'ont pas de service régulier. Des vapeurs anglais, italiens, turcs, etc., viennent aussi embarquer ou débarquer de temps à autre divers produits.

Cependant, la rade de Jaffa est toujours dangereuse dans la mauvaise saison. L'embarquement et le débarquement des passagers et des marchandises n'a lieu qu'à des prix exorbitants. Dans la crainte d'être surpris par les vents mauvais ou de ne pouvoir s'éloigner assez à temps en cas de tempête, les navires à voiles sont obligés d'ancrer à d'énormes distances de la côte ; et les bateaux à vapeur des diverses compagnies se trouvent dans la nécessité de rester continuellement sous vapeur afin de se tenir prêts à toute éventualité.

Cette même année de 1872 a vu transiter près de cinquante mille voyageurs par Jaffa: les indigènes ne comptent que pour un dixième dans ce chiffre.

L'importance du port est déjà constatée par cette énumération.

Mais je reviens à la production agricole actuelle de la Palestine.

La production végétale actuelle donne le froment, l'orge, le maïs blanc, les lentilles, les fèves, le sésame, le tabac, le coton, le ricin, l'indigo, la saponnaire et quantité d'herbes et arbustes aromatiques ; les raisins, les vins, l'huile, les olives, les figues, les dattes, les citrons, les oranges, les pommes grenades, les concombres, les melons et quantité d'autres produits cultivés par les Arabes.

Sans routes, sans moyen d'exportation, l'habitant ne cultive que pour ses besoins, dans les provinces de Jérusalem, d'Hébron et de Béthléem. Il n'en est pas de même des autres pays : Naplouse, Gaza, les plaines de Saaron, etc., dont les campagnes donnent le sésame (3 à 4 millions de kilogramme), du blé, de l'orge, du maïs blanc, de la laine, du coton, des coloquintes, de la graine jaune, d'une valeur ensemble de 15 à 20 millions de francs, puis le savon fabriqué à Naplouse, Jérusalem, Ramleh et Jaffa, environ 6 millions de kilogrammes, suivant les récoltes d'huile et les demandes pour l'Égypte, Chypre, la Caramanie et la Syrie où cette pâte s'expédie.

Et cependant la population a été sans cesse en décroissant. Hors des villes, les cultivateurs forment des villages où s'agglomèrent des groupes de 100 à 500 habitants possédant en moyenne quatre hectares par individu. — Les deux tiers des paysans sont musulmans. Les Juifs, dont le nombre s'élève à près de douze mille pour Jérusalem seulement, vivent misérablement des aumônes de leurs coreligionnaires d'Europe ; ils sont soutenus par la Halûkah ; ils vivent de troc, du change des monnaies, etc.

La fondation de deux colonies américaine et allemande, près de Jaffa, a donné une vive impulsion aux propriétaires indigènes ; et les terrains sont assez bien cultivés dans un rayon de vingt kilomètres autour de la ville.

Le manque de moyen de communication empêche une culture plus étendue : et comme je l'ai dit, les fellahs ne cultivent qu'une certaine zone autour des rares villages et autant que le permet le peu de bras qu'ils peuvent employer : il ne se produit que le strict nécessaire.

L'antique fertilité de la Palestine n'est cependant pas perdue. L'exploitation de ce sol heureux est possible : et c'est sur ces faits que je veux surtout appeler votre attention. L'Angleterre, qui porte un œil d'envie sur ce qui nous reste d'influence dans cette partie de l'Orient, a fait faire des travaux importants au point de vue topographique. Le capitaine Warren, puis le lieutenant Conder du corps des ingénieurs royaux ont dressé une carte de la Palestine à la même échelle et avec les mêmes détails que ceux de la carte de l'ordonnance Survey, correspondant à notre carte d'état-major en Angleterre. D'après cela, nous pouvons dire que nous avons sur l'état actuel du pays des informations plus exactes et plus détaillées que celles que l'on possède sur aucune région d'Asie ou d'Afrique. — On y distingue les plantations de figuiers et d'oliviers, les vignes, les potagers, les sources et les cours d'eau. Les mémoires qui l'accompagnent rendent compte de la culture et des moyens d'irrigation, de sorte que l'on a des données suffisantes pour apprécier la Palestine d'aujourd'hui et ses resssources pour l'avenir.

Les saisons sont en Judée, telles que la Mischna nous les représentait (il y a plus de 1700 ans) ; et, quoique les tables d'observations nous manquent pour juger de la quantité des pluies annuelles dans les temps anciens, nous avons d'autre part sous les yeux les mêmes sources et mêmes cours d'eau que ceux qui sont mentionnés par la Bible; et l'on peut attester qu'avec ses vingt pouces d'eau pluviale annuelle, le pays n'aurait pas actuellement à souffrir, si ses innombrables citernes ou réservoirs étaient remis en état, et pour cela il ne faudrait que quelques truellées de ciment. L'ancien système de drainage et de plantations ramènerait la fertilité d'autrefois.

Le pays n'est pas entièrement déboisé, et il serait facile de revenir promptement à l'ancien état. On voit une forêt de chênes sur les collines, à l'ouest de Nazareth. Les pentes qui bordent la plaine de Saaron sont boisées. Les vignes et les vergers des pentes du Carmel et des collines d'Hébron sont remplacés par d'épais taillis, et plus d'un district de la Galilée est revêtu d'un manteau d'épaisses broussailles parsemées de chênes et d'arbres à mastic ; et cela, en dépit de la hache impitoyable des charbonniers que n'arrête nulle loi forestière.

Les belles moissons d'orge et de froment qu'obtient la charrue indigène qui ne fait que gratter la terre, attestent également les richesses du sol. M. de Saulcy, notre savant membre de l'Institut, me disait que sur son cheval, il disparaissait presque au milieu des épis mûrs; il me faisait finement remarquer jusqu'au rôle bienfaisant du galet et des cailloux que l'on retrouve nombreux dans tous les terrains : pendant la saison sèche, la rosée abondante de la nuit vient seule rafraîchir le sol; et sous les cailloux multipliés, l'humidité se conserve pendant le jour, pour la terre altérée, en dépit des plus ardents rayons du soleil.

Le document anglais dit que dix-huit cents tonnes de l'huile la plus belle du monde ont été exportées en 1871. M. de Saulcy me disait encore qu'il y a environ douze ans, un de ses amis, lui ayant manifesté le désir d'acheter un terrain cultivable en Terre sainte, avait été aidé par le Consul de France à Jérusalem dans l'acquisition de ce terrain. La propriété avait coûté six mille francs environ et, l'année suivante, la vente de l'huile de sesame donnait, tous frais payés, sept mille francs de bénéfice net.

Sur les hauteurs d'Hébron et sur l'Hermon, la vigne est on ne peut plus luxuriante : le vin du Liban est bon. Une colonie russe cultive la vigne avec succès près de Jéricho, dans la vallée du Jourdain. Les fruits sont partout abondants, variés et délicieux. Le coton, le tabac, le millet, l'indigo, la canne à sucre sont d'une culture facile.

Pour ramener la culture à son ancien état de prospérité, il faut rétablir les terrasses que l'on avait eu soin de bâtir ou de ménager sur les flancs des collines, et dont on retrouve partout les traces. On rencontre, il est vrai, dix villes en ruines pour un village habité. Mais les anciens pressoirs, taillés dans la roche, subsistent encore perdus dans le taillis; les clôtures de vergers, les tours des gardiens moitié debout, moitié en ruines, se succèdent d'un bout à l'autre du pays. Les anciennes routes des Hébreux, les voies romaines enfouies sous l'humus ou sous le sable, se retrouvent aisément, et peu endommagées. Celle de Jérusalem à Jéricho demanderait, entre autres, très peu de réparations.

Le dicton populaire est que la Palestine cultivée d'un bout à l'autre, ne fût-ce qu'à la manière du pays, nourrirait dix fois la population actuelle. Il est donc bien utile de relever cette culture ; elle sera lucrative pour des colons européens. Quels immenses terrains incultes, entre le Mont-Carmel et El-Arich, dans les plaines de Moab, l'ancien grenier de l'Egypte ! Un consul anglais écrit que la fécondité des immenses plaines de Haouran, à l'entrée du désert, est tellement merveilleuse qu'elle en est invraisemblable. Quelle situation plus favorable pour des colons d'Europe, à quelques jours de leur pays d'origine ! Quelles richesses créées pour la nouvelle et pour l'ancienne patrie ; quelle émulation pour les fellahs et pour les Arabes ! C'est l'intérêt bien entendu de l'empire ottoman et le bien de l'humanité.

Les propriétaires du pays expliquent eux-mêmes la

tristesse de la situation, à laquelle il s'agit de porter remède. Ils ont, tout ensemble, une grande richesse et une désolante misère. Chacun travaille, juste assez pour faire produire au sol sa nourriture. Si la terre lui en donne davantage, il laisse le supplément de récolte périr sur pied. Qu'en ferait-il ? Il n'existe ni chemin, ni moyen de transport ; il ne peut ni donner ce qu'il a, ni recevoir ce qu'il n'a pas.

Il faut, pour faire cesser cette ruine, un port d'accès facile, des voies ferrées et l'établissement de chemins ruraux de ville en ville, de village à village, autant que possible, aboutissant à des stations sur les chemins de fer. Une Compagnie anglaise a déjà fait un tramway aux environs de Beyrouth.

.˙.

La Palestine minière est plus riche encore que la Palestine agricole. Elle intéresse à un plus haut degré notre commerce et notre industrie.

Ici, je dois me servir de l'autorité de M. le docteur Lartet, dans son exploration géologique de la mer Morte, de la Palestine et de l'Idumée.

C'est surtout dans la vaste dépression qui constitue le bassin de la mer Morte ou lac Asphaltite, que se trouvent les points à exploiter.

D'après la topographie du lieutenant Conder, le lac de Tibériade ou mer de Galilée est à 208 m. au-dessus du niveau de la Méditerranée, et celui de la mer Morte, à 394 m. au-dessus de ce même niveau : cela donne au Jourdain une pente régulière de 180 m., avec un ou deux rapides seulement. Au sud, le bassin de la mer Morte est séparé du bassin de la mer Rouge par les plateaux calcaires du Tyh, à 250 m. au-dessus du niveau de la Méditerranée, c'est-à-dire à près de 600 m. au-dessus du niveau de la mer Morte. Cette mer est donc un lac sans issue. C'est la nappe d'eau la plus salée du globe, en même temps que c'est le point le plus bas des terres du continent. Les eaux sont si denses que le corps humain ne peut s'y enfoncer complètement. Elles sont tellement salées qu'aucun être organisé n'y peut vivre. Les eaux du Jourdain, dont le débit à l'étiage est toujours supérieur à 8 mètres cubes par seconde, empêchent le dessèchement de la mer par évaporation.

La mer Morte est donc un vaste appareil de distillation qui évapore les eaux du Jourdain et se maintient ainsi dans un état d'équilibre. Les principaux éléments salins contenus dans cette mer sont : le chlorure de sodium ou sel marin, en moins grande quantité que dans toute autre mer, un peu de chlorure de magnésium, sans usage actuel, et surtout du chlorure de potassium, dont la valeur industrielle est considérable ; on n'y trouve pas les sulfates de magnésie et de chaux de la Méditerranée.

Chacun sait l'utilité en industrie et en agriculture de la potasse, le plus souvent fournie sous la forme de chlorure de potassium. En industrie, ce produit sert à la fabrication de la poudre, des aluns, du cristal, des prussiates, des chlorates, etc. En agriculture, il sert à la fabrication des engrais chimiques.

Depuis 1861, le prix du chlorure de potassium est descendu de 500 fr. à 150 fr. la tonne, par suite de la découverte à Stassfurt, en Allemagne, de carnallite, chlorure de potassium et de magnésium à l'état de gemme, mélangé à un peu d'argile ou de marne. — Nous sommes donc tributaires absolus des Allemands, pour ce produit ; pendant la guerre d'invasion, nos sels de potasse n'avaient pas d'autre provenance.

Par suite des révolutions de la période quaternaire, les eaux de la mer Morte ne sont en quelque sorte que les eaux mères d'un ancien bassin bien plus considérable Leur densité est de 1,17. Elles contiennent plus de 16 kilogrammes de chlorure de potassium par mètre cube, et cela sans sulfate de magnésie. Les eaux de la Méditerranée n'en contiennent que 1/2 kilogramme par mètre cube. — Par une double évaporation, faite sous le soleil ardent de la région et à l'aide des vents qui la balayent, et un lavage à l'eau douce pour enlever le chlorure de magnésium, sel inerte et déliquescent, on obtiendra le chlorure de potassium isolé. — A quel prix inférieur au tarif de Stassfurt va revenir ce chlorure de potassium, inépuisable dans les eaux du lac asphaltite ? Que la vieille voie romaine soit réparée de Jéricho à Jérusalem ; que la voie ferrée relie cette ville au port amélioré de Jaffa, et ce problème est résolu.

Il faut ajouter à cela l'extraction possible du brome, 8 grammes environ par mètre cube.

Les bitumes et les asphaltes de Judée sont produits en grande quantité par le lac asphaltite. Les Assyriens et les Egyptiens s'en servaient pour donner de la solidité à leurs constructions en terre glaise. On les recueillait au temps de Strabon : à de certaines époques, des masses de bitume soulevées montaient à la surface de l'eau et étaient recueillies par les habitants.

Ces phénomènes se reproduisent encore de nos jours.

Sur un grand nombre de points, dans le massif montagneux qui sépare la mer Morte de Jérusalem, on trouve d'énormes gisements de calcaires imprégnés de bitume exhalant une odeur forte et aromatique. Le gîte de Nebi-Musa, le plus étendu de tous, fournit des calcaires qui contiennent 25 0/0 de bitume : leur richesse est telle que les Arabes s'en servent comme combustible.

Entre Jaffa et la mer Morte, de nombreux sondages ont révélé l'existence de bancs inépuisables de combustibles minéraux, le lignite, ou bois bitumineux ; or, ce lignite est à lui seul un moyen de tirer l'industrie du Levant de sa torpeur, selon Victor Meunier, et d'y introduire le travail européen.

Mais l'asphalte et le lignite sont ici partout voisins l'un de l'autre, et vont élever la Palestine au rang des contrées les plus favorisées sous le rapport du combustible.

Personne n'ignore, en effet, combien sont recherchées aujourd'hui pour le chauffage des locomotives certaines briquettes formées de poussières de houille agglomérées au moyen des résidus bitumineux que donne la fabrication du gaz d'éclairage. On les recherche, non seulement à cause de leur forme régulière qui en facilite l'emmagasinage, mais aussi parce qu'elles donnent beaucoup de chaleur. Eh bien! c'est ce combustible de choix, par suite de la mutuelle proximité et de l'abondance de ses dépôts de lignite et de bitume dont les produits pourront partout se mélanger ensemble; c'est ce combustible de choix que la Palestine va pouvoir fournir à discrétion; un combustible égal au meilleur charbon bitumineux que la terre recèle en ses profondeurs, et dont le prix variera entre 12 et 25 francs la tonne.

Les travaux anglais signalent du cuivre, de la houille et de l'étain à Sidon et dans le Liban.

Et si les voies de communication s'étendent de l'autre côté de la mer Morte, dans les plaines Arabiques, jusqu'à l'ancien pays de Madian, au pied du Sinaï, les vieilles villes minières, retrouvées par le capitaine Burton, sous les auspices du vice-roi d'Egypte, tout l'étain des Pharaons, l'or même, pourraient à nouveau être utilement exploités.

∴

Par ces quelques données rapidement exposées, mais tirées de sources autorisées, il y a un intérêt commercial et industriel puissant dans l'exploitation de ce que l'on appelle la Terre-Sainte, rendue possible par l'établissement d'un port, offrant toute sécurité, de chemins de fer et de routes.

Voici précisément ce que le traité de Berlin nous a laissé le pouvoir de créer en nous confiant le protectorat de la Palestine :

A une Compagnie française est réservé, par un firman de la Sublime Porte, le droit de transformer la rade de Jaffa en un port de toute sécurité. Les mêmes droits sont concédés pour l'établissement d'une voie ferrée de Jaffa à Jérusalem, avec la possibilité d'étendre cette ligne sur

Naplouse, puis Beyrouth et Damas au nord ; sur l'Egypte au sud ; à l'est, de rétablir les routes sur la mer Morte par Jéricho et de là rayonner sur l'Arabie.

Le firman du sultan ajoute le privilège pour l'exploitation des mines et carrières situées dans une zone de 20 kilomètres, 10 à droite et 10 à gauche de la ligne, et la faculté d'acquérir et d'exploiter les terres.

Jaffa est le seul port, depuis Port Saïd, où l'on puisse faire relâche sur toute la côte. Créé par notre commerce, ce refuge devient un lieu de ravitaillement certain, un asile pour notre marine. Il supprime le danger de la station anglaise de Chypre en face du canal de Suez, en nous donnant tout avantage commercial sur l'Angleterre. Cette situation a été bien comprise par le gouvernement. M. de Freycinet, alors ministre des travaux publics, a autorisé un ingénieur des ponts et chaussées à se rendre à Jaffa, pour établir la possibilité des travaux de ce port, M. Gueyrard, ingénieur en chef du port de Marseille.

Le rapport de M. Gueyrard a été tel qu'on pouvait l'attendre de sa haute capacité technique, et de sa connaissance des besoins de notre marine dans la Méditerranée. L'importance stratégique et commerciale du port de Jaffa y est pleinement reconnue, en même temps que la possibilité d'un établissement relativement peu coûteux ; il conclut, en outre, à ce qu'on fasse grand pour le mettre à hauteur des services qu'on est en droit d'en attendre.

L'établissement d'un réseau syrien est le corollaire de la création du port de Jaffa.

Il suffit, Messieurs, que j'aie pu établir à vos yeux, l'importance commerciale de ces avantages laissés à notre pays pour que vous compreniez la nécessité d'une prompte mise à exécution de ces projets.

Vous avez émis un vœu favorable aux études et à l'établissement du chemin de fer trans-saharien, et déjà cette œuvre gigantesque est commencée dans ses études.

Ici, la route est plus aisée ; en faveur des traités, les concessions nécessaires ont été données à une Compagnie française par le gouvernement ottoman ; les travaux préliminaires d'études sont faits. Je ne viens que vous demander d'appuyer par un vœu favorable ceux de nos compatriotes qui achèveront l'œuvre utile : ce sera pour eux un encouragement précieux.

L'État, qui a déjà permis les importantes études du port, sait comment il peut d'une façon indirecte, assurer à sa marine de guerre un dépôt de charbon et un lieu d'ancrage ; à sa marine marchande, avec les mêmes avantages, un commerce important, qui grandira avec l'industrie, créée à la faveur de ces entreprises.

Si vous appuyez, Messieurs, par un vœu favorable l'utilité de cette œuvre, je vous demande l'autorisation d'envoyer ce travail à la Société de géographie de Marseille, que ses intérêts appellent plus directement à connaître du sujet.

(Séance du 16 février 1880)

La section d'émigration et de colonisation, à l'unanimité, déclare reconnaître l'utilité nationale de la création d'un port et de voies ferrées et autres, pour utiliser les ressources agricoles et industrielles de la contrée.

PARIS. — IMP. V. FILLION ET Cie, RUE DES MARTYRS, 18 ET 18 BIS.

www.ingramcontent.com/pod-product-compliance
Lightning Source LLC
LaVergne TN
LVHW010219230826
846091LV00008BB/3580

* 9 7 8 2 0 1 3 6 3 4 4 1 0 *